Swallows

Poems to Mihaela

Ivan Grosz

authorHOUSE®

AuthorHouse™
1663 Liberty Drive
Bloomington, IN 47403
www.authorhouse.com
Phone: 1-800-839-8640

First published by AuthorHouse 6/23/2011

ISBN: 978-1-4567-6855-3 (e)
ISBN: 978-1-4567-6856-0 (sc)

Library of Congress Control Number: 2011907383

Printed in the United States of America

Contents

Seems like it was many years back, when we met on the 20th of March, a day when Spring was in the air. As we were wandering and trying to get acquainted our thoughts turned to swallows. Where could they be? Have they arrived? Are they here already? They sure must come now any day. They are part of Spring and we will enjoy Spring together with them...

Just a few days later a beautiful little swallow turned up in the mail, drawn up by Mihaela, ready to announce that Spring has finally arrived.

The little swallow found herself a home and became part of my life. Good and bad we tried to weather together. There were many sunny days and there were rainy days as well.

How sad that much too soon darkness set in and the sun would not come up anymore.

February 15, 2011

IVAN GROSZ   FOREST HILLS   NEW YORK

Swallows

A swallow flew by me one day
Oh little swallow wouldn't you stay?
Spring is coming, the air is sweet
Come stay with me, I will give you a treat

The little swallow flew back and forth
Nibbled some flowers and said deep in thought
Let's build a nest to keep out the rain
We will be all warm, it won't be in vain

My little swallow how much we enjoyed
Flying in sunshine, exploring the clouds
You flew further and further showing the way
My little swallow why couldn't you stay?

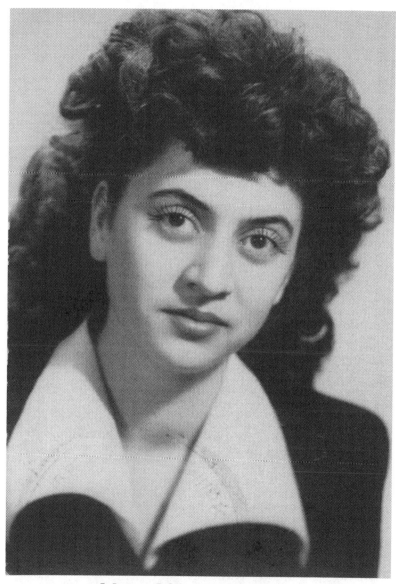

Maria   Mihaela   Orghidan
February 27, 1933 - May 2, 2010

To Mihaela...

Mihaela

I called her and embraced her

Day after day,

Wherever we'd stay.

Day after day...

Day after day.

How can I remain now

When she went so far away?

Sun Set

A few more sunsets,

Another trip or two...

And then we will be all gone,

And I will be with you.

Sag Harbor

I took them down here

So many times.

We enjoyed the sea breeze

Many, many times.

We scented the flowers

Oh, how many times

I came here to mourn them

Too many times...

June in Portland

Come in June... Come in June...

When the flowers are in bloom.

Come in June...Come in June...

Let's enjoy the nights with moon...

Come in June...

Please come in June...

My darling,

Why did you leave so soon...

I Am Missing You

How much I wanted you

How much I stood by you

How much I cared for you

How much I am missing you...

Cuvinte de Drag

Pare se că era cu mulți ani în urmă, când ne întâlnisem de 20 Martie, o zi când Primăvara deabea începu să se aşterne. Cum ne colindam si incercam să facem cunoştiinţă, gândurile ni s-au îndreptat spre rândunele. Oare unde-or fi acum? Nu cumva au şi venit? Poate sunt aci nu departe. Ar putea să sosească in orice moment. Fac parte din peisajul de Primăvară si ne vom bucura de acesta împreună cu dânsele.

Doar cu puţine zile mai pe urmă, mi-a venit o rândunică micuţă si frumuşică prin poştă, schiţată de Mihaela si anunţând că Primăvara a sosit cu adevăratelea.

Mica rândunică şi-a găsit un cuibuşor şi a devenit parte din viaţa mea. Prin zile bune şi mai putin bune noi am păşit împreună. Au fost zile însorite dar şi multe înourate.

Cât de trist că atât de curând cerul s-a întunecat profund şi soarele n-a mai putut răzbate.

15 Februarie, 2011

Rândunele

Rândunică, Rândunea
Tu cu mine doar de-ai sta
Primăvara vine'n zori
Cu un aer dulce şi mii de flori

Rândunica mea micuţă
Zise in gânduri, ea cea drăguţă,
De-am avea un cuib, ce bine ar fi
De vânt şi ploaie ne va putea ferii

Mica mea rândunică cât ne-a plăcut
Să urmărim din zbor tot ce e de văzut
Tu tot în frunte, nu te mai opreai
Rândunico scumpă, nu puteai să mai stai?...

Cântec de Jale

Mihaela

O chemam şi o îmbrăţişam

Zi de zi, oriunde am fi

Zi de zi,

Zi după zi.

A rămâne pot eu oare

Când ea e aşa departe?

Apus de Soare

Câte un Apus de Soare'n plus

O călătorie, două poate,

Şi cu toții ne-am dus

Din nou cu Tine voi fi in toate.

Sag Harbor

Le-am dus cu mine aci

De atâtea ori…

Briza mării ne-a alintat

Nenumărate ori.

Florile le-am admirat

Ah, de câte ori…

Şi-am revenit adânc in doliu

Mult prea multe ori…

Portland în Junie

Ai să vii în Iunie oare,

Natura toată e în floare.

Vei veni în Iunie oare?

Ne-aventurăm sub nori şi soare...

Poţi veni în Iunie oare?

Spune-mi doar că... poate, poate...

Nu spune că nu se poate.

Ştiu...

Te-ai dus...

Ah, cât mă doare...

Cântec de Jale

Dacă eu plecam cu Tine,
Aveam griji mult mai puține

M-am ales cu gânduri grele,
N-am cum să mai scap de ele

Viața o port ca o povară,
Nimic nu e ca odinioară

Când țineai mâna cu mine
Cât speram sa fie bine

Ne plimbam, ne-imbrățișam
De toate ne bucuram

Tu pășeai cu capu'n soare,
Imi păreai ca o scumpă floare

Vai, nu mai e ca altădată
N-am să Te văd niciodată

Inima de dor se stinge
Sufletu-mi de milă-ți plânge

Tot ce era frumos dispare
Tristețea mă înconjoară

Mereu Te caut, dar in zadar,
Sunt plin de chin și de amar

Când durerea e așa mare
Doar suspini și cânți de jale

Szomoru Vasárnap

Szomorú Vasárnap

Szomorú Vasárnap

Elvitték a páromat

Szól a harang főnt az égben

Drága leánykám, hova mégy el.

Sirattalak keservesen

Nem tudom már hol a fejem.

Rajtad nem segiteni

Téged igy elvesziteni.

Szól a harang főnt az égben

Drága leánykám hova mégy el...

Mihaela

Nap, nap után kerestelek

Nap, nap után szerettelek

Akármerre kalandoztunk

Nap, nap után együtt voltunk.

Elmentél

Nincsen már cél

Nélkűled hogy leszek én?...

Sag Harbor

Oly sokszor jőttek ide velem

Nézni a hullámzo tengert.

Oly sokszor hoztam ide öket

Hogy élvezzűk az esti szelőt.

Oly sokszor voltak itten nálam

Virágot szedni minden nyáron.

De oly sokszor kellett ide jőjjek

Mély gyászban, szemeim tiszta kőnnyek.

Esteledés

Néhány napnyugta után

Még egy kiss kóborlas talán,

Utána én is elmegyek

És egyűtt leszek megint veled.

Portland Júniusban

Gyere talán Júniusban

Virágzanak a rózsák dúsan.

Ha átjönnél Júniusban

Nem látnál már engem búsan.

El fogsz jönni Júniusban?

Mondjad...talán...

Még van remény...

Hol vagy drágám, hova lettél?...

Szerettelek

Szerettelek

Őleltelek

Sirva

Elvesztettelek

Szegény Léany

Szegény léany,

Szegény léany.

Nincs itt

Semmi reményem már.

Ha tudtam volna,

Tudtam volna

Életemet adtam volna.

Harcoltunk

A sötét végig...

Kiáltottunk föl az égig.

Szegény léany,

Szegény léany

Semmi remény

Nem maradt már.

Komm Zurück Ich Bitte

Juni in Portland

Könntest Du im Juni kommen,

Wenn die Rosen blühen sollen?

Möchtest Du im Juni kommen

Würdest gleich im Garten wollen.

Wolltest Du im Juni kommen?

Sag mir nicht

Man darf nicht hoffen...

Ich weiss... Du bist ja fortgegangen...

Mein Herz tut weh,

Mir wird so bange.

Vermiss Ich Dich

Ich liebte Dich

Ich küsste Dich

Ich denke an Dich

Ich vermisse Dich

Komm Zurück Ich Bitte

Ich wollte
Es würde Geben
Aus der Tiefe
Dich zu Erheben.
Mein Herz
Kann sich erholen,
Mein Kummer
Geht nun verloren.
Du solltest
Wieder lachen
Mit uns viel
Spass zu machen.
Wie möchte ich
Dich schon sehen.
Vielleicht könnte es
Geschehen.
Komm zurück
Ich bitte
Ich hör schon
Deine Schritte.

Post Scriptum I

Mihaela was member of the proud Orghidan family with deep roots in the Romanian soil . She was beloved and spoiled by her father a well known merchant and politician and became a beauty queen at an early age.

Communism brought with it great hardships. Father was persecuted and perished at an early age. Food became scarce and Mihaela and Mom had to live occasionally eating edible plants. But school was not neglected, work as employee at a bank started early even while following the evening classes.

Life brought Mihaela far away from Brasov which she kept visiting over the years. Her road brought her to Bucharest and many years later she followed Michael and her grandson Dani to the States.

Mihaela was a person of many talents. Her Math teacher implored her to stay with math.
And who could tell that years later she will complete a technical school and will do with great success electrical design engineering projects at a major design institute.

She was good at her engineering projects but as it turned out her real vocation was that of an artist. From drawings and paintings to knitting and macrame knot-work and decorations and artistry of different types she became known and had her products in great demand and successfully sold by the biggest Romanian artistic outfit.

Her manual about artistic macrame knot-work was published in Romania as the first of its kind, is found in the public libraries and is considered one of the basic manuals of the Romanian artistic heritage.

On top of all this Mihaela was a successful inner decorator and her Japanese flower arrangements were admired even by the Japanese.
She also spent time working in Italy and Sweden.

In her free time she researched the history of the Trachian tribes, ancestors of the ancient Romanian inhabitants.

And what a beautiful personality she had. Lovely, well disposed, always helpful, beloved by Family and Friends. Generous, well dressed, the Queen of the Ball.
While we met at a later age, she made my life beautiful.

Mihaela we miss you...

Post Scriptum II

Mihaela a făcut parte din cunoscuta familie Orghidan având rădăcini adânci în glia românească. Mult iubită şi răsfățată de tatăl ei mare comerciant şi politician din Braşov, a concurat şi câştigat campionatul de frumusețe la o vârstă de câțiva anişori.

Comunismul a contribuit la suferințe mari. Tata a fost persecutat şi-a pierit înainte de vreme. Mâncarea s-a împuținat şi cei rămaşi, Mihaela cu Mama au supraviețuit de multe ori pe o dietă de plante sălbatice. Dar nici situația asta dificilă nu a dus la neglijarea şcolii, dânsa urmând cursuri serale având şi un serviciu la o bancă.

Viața a dus-o departe de Braşov pe care a continuat să-l viziteze. Calea a adus-o la Bucureşti urmând mai pe urmă băiatul ei Mihai si nepotul ei Dani în State.

Mihaela a fost o persoană cu multe talente şi calități. Profesorul ei de matematici o ruga să continue in această disciplină. Cine putea să ştie că cu timpul dânsa va complecta cursurile unei facultați tehnice ajungând să proiecteze instalații electrice cu mult succes la un mare institut de proiectare.

Deşi excelentă la proiectare, vocația ei reală a fost în domeniul artistic. Dela desemne la picturi, țesături şi macrameuri, precum şi toate genurile de decorații artistice, a devenit cunoscută cu produsele expuse în cel mai mare centru artistic din țară.

Manualul ei pentru confecționarea modelurilor speciale de macrameuri a fost primul de acest gen publicat in țară. El se găsește în biblioteci publice și e considerat parte al patrimoniului artistic național.

In plus Mihaela a fost o decoratoare de interioare și aranjamentele ei florale, japoneze, au fost admirate până și de Japonezi.
A mai petrecut timp activând și in Italia și Suedia.
In timpul ei liber a studiat istoria Tracilor, strămoși ai primelor triburi din România.

Mihaela a fost o personalitate distinsă și de mare calibru. Bine dispusă, draguță și amabilă, iubită de Familie și prieteni. Foarte generoasă, elegantă, Regina Balului.
Deși ne-am întâlnit după apogeul vieții, ne-a creiat o viața frumoasă și deosebită.

Mihaela, ce mult îți ducem lipsa...

To Mom
Love,
Ryan "Working the room"

ALL SHOWN OR NOT SHOWN HERE
WERE EQUALLY IN OUR SOULS AND HEARTS

TOȚI CEI ILUSTRAȚI SAU NU IN POZE
I-AM AVUT LA FEL IN INIMELE ȘI SUFLETELE
NOASTRE

Close Family

Maria Mihaela Orghidan

Ivan Grosz

Michael Velicu

Rita Grosz Sherman

Daniel Velicu

Dr Raul Grosz

Marilena Velicu